Nach den Aufnahmen

Rolf Birkholz *Gedichte*
Heike Clausen *Fotografische Bilder*

chiliverlag

I. GIPFELSCHWUNG

Starke Mischung

Die Schrebergärten bahnnah, so wie üblich,
Hanjin-Container, Sylbach, nie gehört,
von Schötmar schon, ein rotes Bibelhaus,
die Gegenüberfrau nickt ein, die andre
vertieft in Levi, Lage zieht vorüber,
samt Mehmet-Akif-Betertreff, die Miene
der jungen Kofferdame hellt sich auf
am Phone, in D. Espresso, Löffel steht,
das war im *Café Halbstark* kaum erwartbar.

Gefällig

Die Stadt, um wieder einmal abzuheben,
die Siebentürmesilhouette plus
drei Leuchten, erstens Willy, gut in Reli.

Dort trifft die *Tibet-Karma-Linie*
auf *Koffein statt Kokain*, begegnet
man dann Herrn Thomas Mann aus Marzipan.

Charisma Cut, nun hoch zur Burg, einst vier
zur Himmelfahrt verdammt hier, heute *Beichte
gefällig*? Hinter Grassens Ladenkasse,
echt kolonial, posierend endlich, erdnah.

Seuchenfrühling

Corona, der Kranz wird uns fester
gebunden, wir standen *umschlungen*
im Fenster, sie sahen, wir fühlen
die Blutpflaume blühen, verblichen,
von fern, das Laetaregewand, um
den Hals wird uns wachsen der *köstliche*
Strauch, ist noch *Zeit, dass der Stein*

(nach Paul Celan und Marcel Proust)

Café de l'Égalité

Bedürftige, Begierige nicht mehr
zu unterscheiden, stehen, hoch die Kragen,
am Außentresen Schlange, heiß auf heißen
Stoff, nur einer nimmt den kleinen Schwarzen
befleckt, der hebt ihn aber auch macchiato
vor Covids Abhol-Bar nicht wirklich ab.

Halbschlafwandler

Oft träume ich davon, ein Buch über Paris zu
schreiben, das einem langen Spaziergang gliche,
auf dem man nichts von dem findet, was man sucht,
dafür aber vieles, das man nicht gesucht hat.

(Julien Green)

Ach, hören Sie doch, Monsieur,
und verlassen Sie mich
nicht so, nach alldem, Monsieur,
ja, was tun Sie mir an,
verfolgt ihn ein Flehn von fern,
aus dem dämmrigen Reich
Monmartres bis hin zum Häm-
mern am Dach, Notre-Dame,
bis Deutschschuld ihm pocht im Loch
Deportierter, bis er,
in helllichter Ruh auf Greens
Rue Vaneau, überwach.

Heißer Nachmittag

Mit Dylan klopfen Gitarristen
an Autors Tor des Himmels, wo
laut Clapton keine Tränen fließen,
der Platz gefüllt, die Sonne brennt,
ein Skin bekennt auf schwarzem Hemd:
Agnostic Front, und Halleluja
ertönt nach Cohen, offen steht
die Kirchentür ins himmlisch Kühle.

Gipfelschwung

Die Schaukelnde nach Höherem
trägt Hörer heut am Ohr, saust tief
versunken hoch und hoch und höher –

Und steinern glüht der Rosengarten
von fern, im eignen Glanz das Mädchen,
es schwingt empor zu innern Gipfeln.

Selbstentwurf

Nicht eins ward einem je gekrümmt,
gewickelt nur, geballt, getrimmt,
geföhnt, die tausende von Haaren,
tilmansmagdalenanah
für Härenes, schwarzgrau bis weiß,
vom Schopf gefallen, Schöpfung, Kleid,
sie selbst, geformt aus Haut und Jahren.

Kleid mit gelben Punkten

Sie trug es nie, ja sie
besaß es nicht, sie sähe
sich nicht darin, in diesem
Kleid mit gelben Punkten,
es ist das Du-und-ich
in ihr, sie zeigt es hier
nur dir, ihr inneres
Gewand im äußeren,
in traumgenähtem Stoff.

Ungetönt

Es ist nicht die Frisur, nicht nur,
es ist der graue Ton,
der frühes Schwarz an ihr in mir
mit einem Mal erhellt.

Ich sehe ihr Gesicht im Licht
des ersten Blicks erstehn,
des Bilds, das gleich mein Heil, kein Style,
nur ungetöntes Du.

Freude nur pur

Der Platz hat drei Ecken, ein Paar dreht die Runde,
vor Pink gibt sein Pudel, ein weißer, den King,
das Café dort lädt ein, liegt ein Lied in der Luft?
Auf der Bank sitzt ein Alter, er beugt sich mit Becher
über News auf Papier, ja, der März macht mobil,
ein Laden preist Freude an, wenn auch nur pure,
du lesend im Wagen in ferneren Vierteln.
Das Fenster am Ende des Korridors war mal
ein Vers, fällt dir zu, und du leihst'n dir aus, um
die Ecke das Paar, auf dem Platz geht es rund.

(Leihgeber: Christoph Leisten, Argana)

Memento am Siel

Die Scholle vom Kutter, die Krabben
im Brötchen, das Eis kugelt, Rum
in der Torte und gerne mit Sahne
den Tee, Aquavit gegen Abend,
die Windgänse plustern sich auf,
bester Stimmung die Leute, Moin, Moin,
keine Fahrräder abstellen bitte,
heißt neben Marien die Weisung
vorm Zugang zur Halle der Leichen.

Mai, Momente

Das lila Fliedertuch, geschwebt, getupft,
magst du, im Nu umhüllt, nicht untergraben,

des ausgehöhlten Monatsfliegers letzte
Bodenstrecke scheust du dich zu kürzen,

vermagst des Nachts beim Blick zum Mond so nah
der Traumstation die Schatten nicht zu fassen.

II. LANDGEWINN UND SEEVERLUST

Zwischen

Ein Schnäbler säbelt hin und her im Schlick,
und innerdeichs steht Isegrim im Feld,
geschnittenes Metall, auf Meeresbänken

verweilen Robben zwischen Landgewinn
und Seeverlust, du zwischen Kreatur
und Bild und Watt und glaubst, Gedanken lenken.

Hauchlos

Flaute auf dem Buch-
staben-
fluss.

Kein Hauch von
Wortvertrauen,
Silbensegler.

Die gelbe Maus

Ein Hügelchen mit Schnee bestäubt,
der Erdewerfer wirkt betäubt,
liegt seriell gestreckt als Kunst
am Grün, der Rabe flattert, stört
die Reiherruhe, grauer Dunst
am Gatter: Bambi blickt, betört,
der Hund verfolgt die gelbe Maus,
für dich schaut sie nach Piepsball aus.

Der blaue Flügelspiegel

Da hält der Enterich, es stoppt
die Ente ihren Gang, du siehst
den Schillernden mit Frau Tristessa
ganz nah, den blauen Flügelspiegel
nun auch an ihr, er steht ihr gut
zur Camouflage, er steht ihr besser.

Subversiv

Die Schilderbrücke zeigt
in Richtung Kassel, il-
legal besprüht, km
vierhundertdreiundsechzig,
A 5 im Regen, Wetter-
au, zeigt *Lyrik* an.

Sand in den Kopf

Als die Zeichen der Zeit auf Sturm,
da hört ich sie nicht, ich sah
nicht, was die Stunde geschlagen,
und hatte weder Bohnen
auf Augen noch Tomaten
in Ohren, habe nur
zwei linke Hände, sonst
hätte ich auf stur

Stehen gehen

Die Gaben vergraben,
einmalige Chancen
beim Zweitschopf gegriffen,
um stehen zu gehen
zur Standspur im Hirn, wo
er fremd ist und lästig.
Und lässt sich allein.

Spielfelder

Ein Haus am Kanal, eine Wohnung
frei, ziehen wir ein oder steigen
wir doch in den Kahn, auf dem Rasen
das Brettspiel, der Bruder erklärt es,
Figuren sind blechern, es klingelt –
und zieht dich aufs Spielfeld des Tages.

Lateinsträhne (Neues für Altschüler)

Du erinnerst fast mehr etwas Weißes,
des Hartlieben Strähne im Schopf,
als römische Regeln, jetzt heißt es:
Odysseusverehrer, ein Kopf
voller Reim, zog von Land hin zu Land,
der vom Pauker zum Pastor mutierte,
von uns durus carus genannt,
da man soviel Latein grad kapierte.

Fließende Zeiten

Hinter dem pechschwarz veredelten Pick-up
gleitet die Göttin in Grau, die zart-alte,
hydropneumatisch am tiefbraun gefassten
Älteren, Weißen, vorbei, als du hockst auf
knallrotem Kinostuhl, Scheibe wird Leinwand,
fließende Zeiten vorm Farben-Café,
Déesse vorüber, du schaust noch – passé.

Im Fachwerk

Schlittschuhscharf biegst du an Klopstocks Haar dich vorbei durchs Museum, schulterhoch reicht dir die Tür, bist gutsmuthsgelenkig mechanisch nebenbeschäftigt, beugt vor der Sucht nach Romanen bei Damen, die Osiander ermahnt in Aufsatzgehängen, durchschlängeln, bitte, von Meisters Erkenntnis Kenntnis zu nehmen und hier schon Wörter erfahren, erfinden, sie dann zu Verswerk verbinden.

Maskenball am Wochenmarkt

Am leeren Laden lässt Herr Mörike
es flattern, hoppla!, fast gefallen, blaue
Brille weht, das Band ist leicht beschlagen,
nur keinen Augengruß verpassen, nuschelnd
die Finger heben: drei, nicht zwei Portionen
Vakzin, durch Lüfte transportiert ein Seilchen
von Haus zu Haus die Stille, Seuchenpost.

HEIKE CLAUSEN
Fotografische Bilder

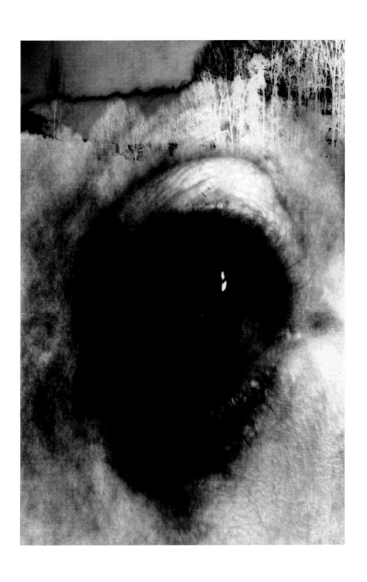

III. GEGENÜBERGEGEND

An der Köhlerhütte

So weich der Fichtennadelteppich, einmal
noch ausgestreut, am Haken, ausgeweidet,
das frische Wild, wie fliehend fließt das Wasser,
Novemberwind, die Birkenblätterchöre,
bald ausgezittert, Hänge nackt geschlagen,
die Köhlerhütte schützt vor unsern Plagen.

Gen Omegaville

Über die Lippen kommt
wieder ein Wort zur Welt,
fallen gelassen, gelallt.

Wortweise fällst du so
selber dein Urteil dir
fällst du dem Endwort entge-
gen.

Gegenübergegend

Dort hinter Fluss und Feld die Bäume,
die Lücke, Lichtlandschaft, die Gegen-
übergegend, deren Säume,
real und träumend oft beschritten
auf nahen, fernen Augenwegen,
und gleich gehauchtem Raum durchglitten.

Der Anfang/ende (Schreib)

dem Anfang am nächsten.
Das Ende ist.
            (Barbara Köhler)

In einem dieser dichten Lichtmomente
vom Tod der Poetin gelesen,
im Versregal nach ihrem Werk gesucht,
ein wenig schon *deutsches Roulette*,
Bestand flugs neu sortiert nach Alphabet,
dann: Anfangen hieß ihn ihr Ende.

Wörter, Würfel

in memoriam Max Jacob

Genau am Jahrestag Monsieur Jacob
begegnet, nach Besuch der Morgenmesse
ergriffen, heißt es, früher hat mich niemand
wahrgenommen, heute lachen Kinder
über den gelben Stern an mir, so rollt es
dir zu aus seinem Wörterwürfelbecher.

(24.2.2021)

Luises Blick

in memoriam Luise Hensel

Als säßest du Luises Blick im Weg,
die über Jahre dort von links nach rechts
geradeaus den Sohn erschaute, Meister
für Kreuzeslohn, du kreuzt die Seelenachse,
du trinkst Kaffee, siehst Fachwerk, Dachrot, Blaugrün
und machst, so aufgehoben sitzt du hier,
dich innerlich ein bisschen kleiner, ihr.

Geadelt, 1937

in memoriam Peter August Böckstiegel

Die blühende Dorfstraße, Mohn,
Aquarell, und ein Leben still schön,
die Äpfel mit Kind, aus Arrode
der Bauer, die Eltern, mein Vater,
meine Mutter in Öl, meine liebe
gute Mutter, nun alle entartet.

(zusammengesetzt aus Bildtiteln Böckstiegels)

Er wollte bauen, in Westfalen

Was blieb uns? Krume und Totenwind,
Antwortloses Wo.

                    (Albrecht Goes)

in memoriam Georg H.

Erst achtzehn, Frühjahr vierundvierzig,
sechs Tage vorn und schon am Ende,
beim Sturm aufs Dorf, blieb ungeborgen,
ein Maurer, fremd am Bug, so grablos
wie die im Rauch und Knall und Fall
die späte Träne, löschte nichts.

Zwischen Scherben Papier

Du, geh doch zum Juden,
da gibt's was dazu,
empfiehlt kleiner Schwester
der Bruder, Filou.

Die Hefte, Stifte, Scherben vor der Tür,
kein Esspapier zum Einkauf mehr.

Nach Meier noch weiter,
an Müller vorbei,
zum Daltropschen Laden,
kriegst Süßes für zwei.

Die Hefte, Stifte, Scherben vor der Tür,
kein Esspapier zum Einkauf mehr.

So war es einmal, ist
kein Märchen, auch hier.
Die Alten erinnern
zwischen Scherben Papier.

Gestolpert

Es stolperte schon wieder jemand,
ist leicht passiert, es liegen gleich
drei Steine dort, der Stolperer
besprühte sie mit Farbe, warnte
vorm Blick nach unten, Angedenken
an Else, Erika, Sophie,
die zweiundvierzig deportiert.
Jetzt hockt ein Mann vor ihnen, löst,
legt Namen frei und Namenloses,
es sticht ein scharfer Duft von Anstand.

Nach den Aufnahmen

Von Rossäpfeln frei glänzt
die Fahrbahn, schon dicht
wieder *Kohle & Holz* und
Hebräischer Laden,
die Straßenbahn rollt
aus dem Bild wie der Bus
mit der Sportpalastwerbung.

Ewiger Friede

Granatengepflügt sei das Land, ach, die Frauen
genommen? Es geht eben feuriger zu in
den Schluchten des Balkans, in unseren helm-
blauen Augen, da schwelt, keine Ursache, ewiger
Friede. Die Interbrigaden versacken
zum Blues in Lokalen, wir halten die Stimmung.

Nicht ganz aus der Haut

Ob Andershäutige, ob Frau, ob Mann,
divers, nicht deine Sache, du verbietest
dir, nachzuschaun, Reflexe funktionieren.

Gambier verhaftet liest du glatt französisch,
ein Mann aus Gambia kommt nicht in Frage,
eurozentrisch, doch germanomanisch
erscheint der alte Franzmann recht verdächtig.

Der Erbsündenzähler hat weiterhin wenig zu tun.

IV. KREUZWEG ZURÜCK

Strandandacht

Kommt, lasst uns liegend beten
ohne Oben, ohne
unten zu erröten,

in höllenloser Zone,
ohne Unten, droben
gebräunte Pop-Ikone,

zum Kultbild grad erhoben
und farblich imitiert,
zu brennen lasst geloben

der Heißen, die zitiert
Novizen im Natur-
zustand, leicht ölverschmiert,

zur Fegefeuerkur.

Die Kleingläubigen

In Bates' Motel, Berlin,
kein Duschvorhang, beschien
die Sonne, unverborgen,
der Gäste kleine Sorgen.

Die Wasserhähne spritzten
wie draußen all die Pfützen
(wo ehedem Rosinen
aus Bombern auf Berlinen).

Die Rezeption besorgte
nicht Bet-, Bates' Schwester Pforte,
im Nachttisch lagen Klingen,
ein schrecklich Lied zu singen.

Zum Fürchten das Geschehn,
als Jünger hier logierten,
bis wer signalisierte:
Es ist nur Bates, Berlin.

(nach Alfred Hitchcock, „Psycho", und Mt 8, 23 ff)

Sieh mein Sein

Du wähntest dem Lamm noch zu folgen,
es sah dir schon lang auf die Verse,
du dir zu gewiss, lässt es deine
Instrumente bescheiden erscheinen,
enthüllt die Substanz: Sieh mein Sein
in Gestalten von Brot und von Wein.

Prozessordnung (Kleider)

Immer bekommen,
ob bei Jesus, Josef K.,
Wächter die Wäsche.

Wortschau

Als er altarnah einst
sich hingekniet,
da vorn das Allerheiligste
geschieht,
was er, der andern Knaben Kleidung musternd,
nicht sieht,
kann ihn der Seelenhirte sehen,
der nach dem Segen ihn
das Wortgeschehen
zu schauen mahnt, das Unvergleichliche.

Vier Farben

Gewitterig gesprenkelt, grau
der Boden, Arbeitsbühne, rot,
Metallgetier, kniet schlauchbestückt
im Licht vor der des Heiligen,
darauf ein Weiß im Gold, und wie
gebannt die kleine Schar, dabei
gleich Staub zerstreut im Glanz des Reinen.

Drüben, Schönhauser Allee

Am Tor ein Ruhehüter,
weist aufs Kippakästchen,
da du zu Steinen, Seelen
strebst, als wärst du schon,
wie sie, wo nicht mehr Kappen
zählen, wärst wie sie
schon allbehütet drüben.

Traumkragen

Nun bist du doch noch Römer, gehst
zur Tür, empfängst den Bischof, grüßt,
den Freund, träumst weiter, deinen Schal
zu öffnen, Kragen herzuzeigen,
bis unterm rechten Aug du fahl
die hellgraustarre Träne siehst,
Ikonenantlitz, wach vertieft,
an dir vorbei altarhin eilen.

Du nestelst

Du nestelst an Narben,
fingerst am Wahren

vorbei,

an der Tulpe
im Schnee.

Über Nacht und

Es war wohl Not am Mann da oben,
gesucht, wer lachen kann und zupackt,
wie anno sechsundsiebzig unten,
den angefahrnen Wegkreuzstein,
die Hillge Seele heil gemacht,
ohne Worte, über Nacht,
und einer gab dem Himmelsruf im
Elektropostbetreff barock
den frommen Tonfall: *Tod vom Ludger.*

Nachher

Nachher, da gabst du
vom Kultort zum Grabbaum

den Hirten-
koffer-
träger

und eiltest beseligt
den Kreuzweg

zurück.

Unter der Sonne

Am Bistro in der Rue des Abesses
geht es abwärts, beim ersten Kaffee
zielt ein Strahl zwischen Wänden genau,

trifft ihn voll, zieht ihn hoch und hinab
in die Rue des Martyrs, doch mit Blut
zu bezeugen liegt fern, er wirkt lau.

INHALT

I. Gipfelschwung

Starke Mischung *9*

Gefällig *10*

Seuchenfrühling *11*

Café de l'Égalité *12*

Halbschlafwandler *13*

Heißer Nachmittag *14*

Gipfelschwung *15*

Selbstentwurf *16*

Kleid mit gelben Punkten *17*

Ungetönt *18*

Freude nur pur *19*

Memento am Siel *20*

Mai, Momente *21*

II. Landgewinn und Seeverlust

Zwischen *25*

Hauchlos *26*

Die gelbe Maus *27*

Der blaue Flügelspiegel *28*

Subversiv *29*

Sand in den Kopf *30*

Stehen gehen *31*

Spielfelder *32*

Lateinsträhne *33*

Fließende Zeiten *34*

Im Fachwerk *35*

Maskenball am Wochenmarkt *36*

Heike Clausen / *Fotografische Bilder*

III. Gegenübergegend

An der Köhlerhütte *49*

Gen Omegaville *50*

Gegenübergegend *51*

Der Anfang/ende (Schreib) *52*

Wörter, Würfel *53*

Luises Blick *54*

Geadelt, 1937 *55*

Er wollte bauen, in Westfalen *56*

Zwischen Scherben Papier *57*

Gestolpert *58*

Nach den Aufnahmen *59*

Ewiger Friede *60*

Nicht ganz aus der Haut *61*

IV. Kreuzweg zurück

Strandandacht *65*

Die Kleingläubigen *66*

Sieh mein Sein *67*

Prozessordnung (Kleider) *68*

Wortschau *69*

Vier Farben *70*

Drüben, Schönhauser Allee *71*

Traumkragen *72*

Du nestelst *73*

Über Nacht und *74*

Nachher *75*

Unter der Sonne *76*

Biografische Angaben

BIOGRAFISCHE ANGABEN

Rolf Birkholz

wurde 1955 in Gütersloh geboren und lebt dort. Seine Gedichte wurden in Zeitschriften und Anthologien veröffentlicht, u. a. im Jahrbuch der Lyrik. Es erschienen vier Einzelbände, zuletzt 2017 *Ein leicht gekreuztes Nicken* in der San Marco Handpresse (Hg. Hans Georg Bulla) und 2019 *Das Fell der Welt* im chiliverlag. Birkholz gehörte 2017 zu den Preisträgern des Wettbewerbs postpoetry. NRW.

Foto: Heike Clausen

Heike Clausen

geboren 1962, arbeitet und lebt als freie Künstlerin in Gütersloh. Ihr Schwerpunkt ist die künstlerische und dokumentarisch-künstlerische Fotografie. Die fotografischen Bilder von Heike Clausen zu Gedichten von Rolf Birkholz sind inspirierte Begleiter. Sie illustrieren nicht — sie folgen rhythmisch, parallel, schwingen gleichsam mit den Ebenen und Strängen der vielschichtigen dichterischen Erzählweise.

Foto: Heike Clausen

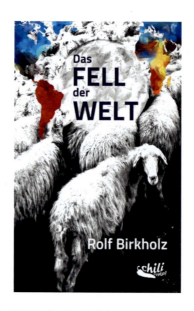

Rolf Birkholz, Das Fell der Welt – Gedichte
chiliverlag, 76 Seiten, 07/2019
Softcover ISBN 978-3-943292-81-7, Euro 9,90
Hardcover ISBN 978-3-943292-80-0, Euro 16,90

„Die etwas legere Sprache der Gedichte atmet eine besondere
Poesie, unterlegt mit Witz und trockenem, westfälischen
Humor."   *Heinz Weißflog / SIGNUM*

„… seine Gedichte laden ein zu einer neuen oder genaueren
Betrachtung der Welt."   *Frank Lingnau / Am Erker*

1. Auflage Juni 2022

(c) chiliverlag, Franziska Röchter, Verl

franchili / 101

Die Rechte an den einzelnen Texten sowie Abbildungen liegen beim jeweiligen Autor.

Detaillierte bibliographische Daten sind unter http://dnb.ddb.de bei der Deutschen Nationalbibliographie abrufbar.

Fotografische Bilder im Innen- und Außenteil: Heike Clausen

Autorenfotos S. 80, 81: Heike Clausen

ISBN 978-3-949515-00-2   **www.chiliverlag.de**